KIDS MINI
GRATITUDE JOURNAL

HELPING CREATE
A HAPPIER YOU

ME INCORPORATED LIMITED
WWW.AWESOMEENDSIN.ME

KIDS MINI GRATITUDE JOURNAL BY AWESOME INC™.
HELPING CREATE A HAPPIER YOU

Copyright © Me Incorporated Limited T/A AwesoME Inc™.
Text by Rebekah Lipp & Nicole Perry.
Special thanks to Hōhepa Maclean and Renei Ngawati for translation into te reo Māori.
Cover design, illustration and typeset by Nicole Perry (except where stated).

All rights reserved. Except for the purpose of fair review, this book or any portion thereof may not be reproduced or used in any manner whatsoever without the express written permission of the publisher. No reproduction may be made, whether by photocopying or by any other means, unless a licence has been obtained from the publisher or its agent.

ISBN 978-0-473-40777-3
1st edition printed 2017.

Published by Me Incorporated Limited
PO Box 95158, Swanson, Auckland 0653, New Zealand

WWW.AWESOMEENDSIN.ME

AROTAHITIA TE PAI

KIA nui kē atu

TE KITE
TE HARI
TE WHAKAMIHA

KO NGĀ MEA NGAWARI E HARIKOA AI KOE, KIA TŪ KAU ANA TITIRO ATU AI.

He pikinga, he hekenga tō te ao nei, nā ko tā te pukapuka nei he akiaki i a koe kia whakaaro atu nā ki ngā mea papai katoa o tō ao.

Kia whakawhetai atu koe ia rā e harikoa ai koe, e matatau ake ai, e piki ai tō hauora, ā, nā wai rā he pikinga waiora hei ngā rangi ruru (ka tau ki runga i a tātou katoa hei tōna wā). Tahuri atu ki te whārangi whakamutunga ka kitea ētahi atu kuapapa papai mō te whakawhetai atu.

Tirohia te tauira (whārangi 7), ka kitea tētahi wāhi WHAKAWHETAI, hei whakakī māu ia rā, ki ngā mea hou e toru e whakawhetaingia e koe. Inā te tini o ngā mea hei whakawhetai mā tātou, pērā ki te noho tahi me ō hoa, te takuta ina māuiui koe, he whakaruruhau, tō tātou whānau, tō tātou tinana me āna mahi miharo katoa, he taro hei kai, he rangi paruhi, te aroha nō tētahi mōu…..te nui noa atu o ngā mea ina tū noa ana koe titiro atu ai, ki te raru koe tīkina ngā akiaki hei te whārangi 6.

HE ĀWHATA HARI hoki kei te taha o ia whārangi, whakakarangia tēnei kia kitea ai tō hari, kia hoki atu ki te pānui ki te kāhore e harikoa i te nuinga o te wā tērā pea me kōrero atu koe ki tētahi he aha rānei koe e pōuri nā. Nā reira ia rangi me whakakī te āwhata ki ō kare ō-roto.

HE KANOHI WĀTEA anō hoki hei whakakī māu ki ō kare ō-roto, kei te koa, kei te tau, kei te hīkaka? Kei te pōuri, kei te riri, kei te āmaimai rānei? Kaua e whakamā kia whakaputaina ō kare ō-roto, he huarahi āwhina tēnei kia mārama ai koe ki ō mahamaha.

Puta noa i te pukapuka nei he ngohe ngahau māu, tuhia atu ngā kōrero mōu, he aha koe e hari ai, ngā mea rawe e tūponotia ai e koe, he mea iti noa pērā i te awhi nā tētahi mōu i pōuri ai, he pūrei kēmu rānei. Tukua tō puna auaha kia rere, me nui hoki ngā kano.

Kei roto hoki ētahi whārangi me ngā TUWHIRI ORANGA, TUWHIRI MANAHAU, he whārangi whakakarakara hoki me ngā pikitia i tāngia e ngā tamariki pērā i a koe! Me mōhio koe ki te āta noho ki tētahi mahi, pērā i te whakakara, he āwhina nui ina e āwangawanga nā koe, nā reira ki te pukuriri, ki te hoha, ki te pōnana koe tuwhera mai te pukapuka nei waihangatia ai tō mounga.

Ko tā te pukapuka nei he panoni i tō tirohanga ki te ao, otirā ō whakaaro ki te ao. He mea whakapōrearea te ao ētahi wā, he nui noa atu te poapoatanga kia tika ō kakahu, ō momo rawa, he aha atu. He pēhinga poapoa hoki kia tika tō āhua, kia ihumānia koe, nā ka ekea koe ētahi wā, heoi mā te whakawhetai tonu rā koe e mārama ai kāhore koe e harikoa i ngā mea noa iho, kāore e taea te manahau te hoko, heoi mā ngā mea ngawari kē koe e koa ai.

KAUA E WHAKAUAUA, ME NGAWARI KĒ

Ko tā māua wero ki a koe, me whakaoti tēnei puakpuka te tuhi, nā e pai anō hoki ki a māua kia mea mai koe (ō mātua rānei) he pēhea rā koe mōu e pānui ai i era kōrero katoa i tuhia atu nā e koe.

Me mahara ake, koia koe – he motuhenga, he autaia, he tangata kauanuanu!

Ko te tumanako e pai ai koe ki te pukapuka nei, nā māua me te whakawhetai nui.

AWESOME INC. – HELPING CREATE A HAPPIER YOU
WWW.AWESOMEENDSIN.ME

ĀKU WHAKAMIHA KI ŌKU KOINGO:

- HIKOI IHU KORE
- WHEAKO HOU
- TE KORIKORITINANA
- TE HAKINAKINA
- TE WHAKAMIHA MAI KI A HAU
- TE AIAHUA O PAPATUANUKU
- TE ARA O TĒNEI AO
- NGĀ WAIATA PUORO
- TE WAIATA PUORO
- ŌKU MĀTUA
- NGĀ RANGI PAKI
- TE MOE ROA
- NGĀ RĀWHAKATAI
- TŌKU ORANGA
- WHĀNAU
- TŌKU ORANGA
- ŌKU KĀKAHU MAHANA
- TE KAUHOE KI TE MOANA
- RINGA MIHI
- TE HOKINGA KI TE TŪRANGAWAEWAE
- TE KATAKATA ME ŌKU HOA
- NGĀ RANGI PAKI
- NGĀ KARARĒHE ME NGĀ MOKAI
- TE HANGA I TĒTAHI TAONGA
- TE KAI RANGARANGA
- NGĀ TAMARIKI A TĀNE MAHUTA
- TE WHĀNAU KURA
- TE AROHA O TŌKU MAMA
- TE TAE TIKA ATU
- TŌKU MAURI HARIKOA
- TŌKU TINANA PŪROTU
- ŌKU WAEWAE
- TAKU OMA TERE!
- TŌKU MOENGA
- HE KAUKAU WAIWE
- TE PĀNUI PUKAPUKA
- TIAKARETE
- TĀKU ĀWHINA ATU
- HUKARERE
- ŌKU HOA PŪMAU
- PARAIKETE MAHANA
- NGĀ RATA ME NGĀ NĒHI
- NGĀ RORI ME NGĀ WAKA
- TE WHAKATUTUKI MAHI!
- TE NOHO MAURI TAU
- TE PŌWHIRI KI NGĀ HUINGA
- NGĀ WHETU MARAMA
- TE KIRIATA PAI!

KI TE RARU KOE WHAKAMAHIA ĒNEI TAUIRA HEI ĀWHINA

6 Tihema 2016
RANGI

I TĒNEI RANGI HE... AHAU → harikoa

E WHAKAWHETAI ANA KI...

1. Whiti ana te rā, ka HARIKOA ahau.

2. Nāku te piro i toa ai te kemu.

3. Ōku waewae parahutihuti.

NGĀ MIHI, NGĀ MIHI, NGĀ MIHI
MŌ NGĀ MEA MIHARO KATOA I TŌKU KOIORA

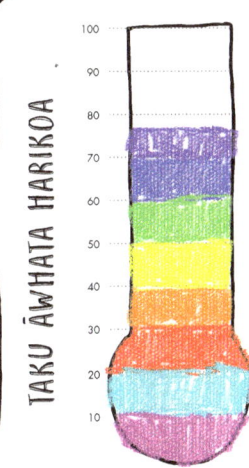
TAKU ĀWHATA HARIKOA

E 25 NGĀ MAHI HEI TIAKI I »AHAU«

- NOHO KI TE TAIAO
- WHAKAWETO HANGARAU
- KANIKANI POKERENOA
- KAUKAU WAIWERA
- RAWEKE I TŌ RUMA
- RUKUHIA NGĀ NGARU MOANA
- KAI HAUORA
- KŌRERORERO
- AWHI MŌKAI
- TUHI KI TĒNEI PUKAPUKA
- WHĒAKO HOU
- PĀNUI PUKAPUKA PAI
- NGĀ WAIATA NGAHAU
- WHAKAKARAKAR[A]
- PĀINAINA
- PIKI RĀKAU
- TIRAHA AKE MĀTAKI KAPUA AI
- NOHO TAKITAHI
- WHAKANGĀ
- NOHO TAHI ME ŌKU HOA
- WHAKARONGO KI AKU PUORO
- WHAKATANGI RAKURAKU
- MĀTAKI KIRIATA
- MAHI MĀ TĒTAHI ATU
- HĪKOI HŪ KORE

KI TE PŌURI KOE, WHĀIA ĒNEI TUWHIRI

MŌKU AKE

 HE TINO PAI RAWA ATU TĒNEI TANGATA

INGOA

PAKEKE

KANU MAKAU

 NGĀ PUKAPUKA PAI KI AHAU...

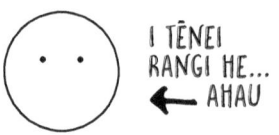

I TĒNEI RANGI HE... ← AHAU

RANGI ....

E WHAKAWHETAI ANA KI...

1.

2.

3.

TAKU ĀWHATA HARIKOA

100
90
80
70
60
50
40
30
20
10

NGĀ MIHI, NGĀ MIHI, NGĀ MIHI
MŌ NGĀ MEA MIHARO KATOA I TŌKU KOIORA

RANGI

I TĒNEI RANGI HE... AHAU →

E WHAKAWHETAI ANA KI...

1.

2.

3.

NGĀ MIHI, NGĀ MIHI, NGĀ MIHI
MŌ NGĀ MEA MIHARO KATOA I TŌKU KOIORA

TAKU ĀWHATA HARIKOA

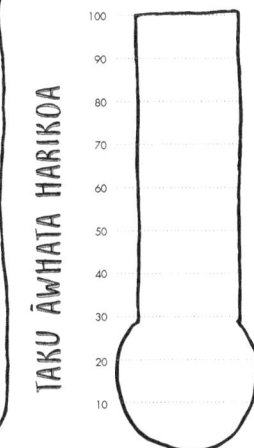

I TĒNEI RANGI HE... ← AHAU

RANGI

E WHAKAWHETAI ANA KI...

1.

2.

3.

TAKU ĀWHATA HARIKOA

100
90
80
70
60
50
40
30
20
10

NGĀ MIHI, NGĀ MIHI, NGĀ MIHI
MŌ NGĀ MEA MIHARO KATOA I TŌKU KOIORA

RANGI

I TĒNEI RANGI HE... AHAU →

E WHAKAWHETAI ANA KI...

1.

2.

3.

TAKU ĀWHATA HARIKOA

100
90
80
70
60
50
40
30
20
10

NGĀ MIHI, NGĀ MIHI, NGĀ MIHI
MŌ NGĀ MEA MIHARO KATOA I TŌKU KOIORA

WWW.AWESOMEENDSIN.ME

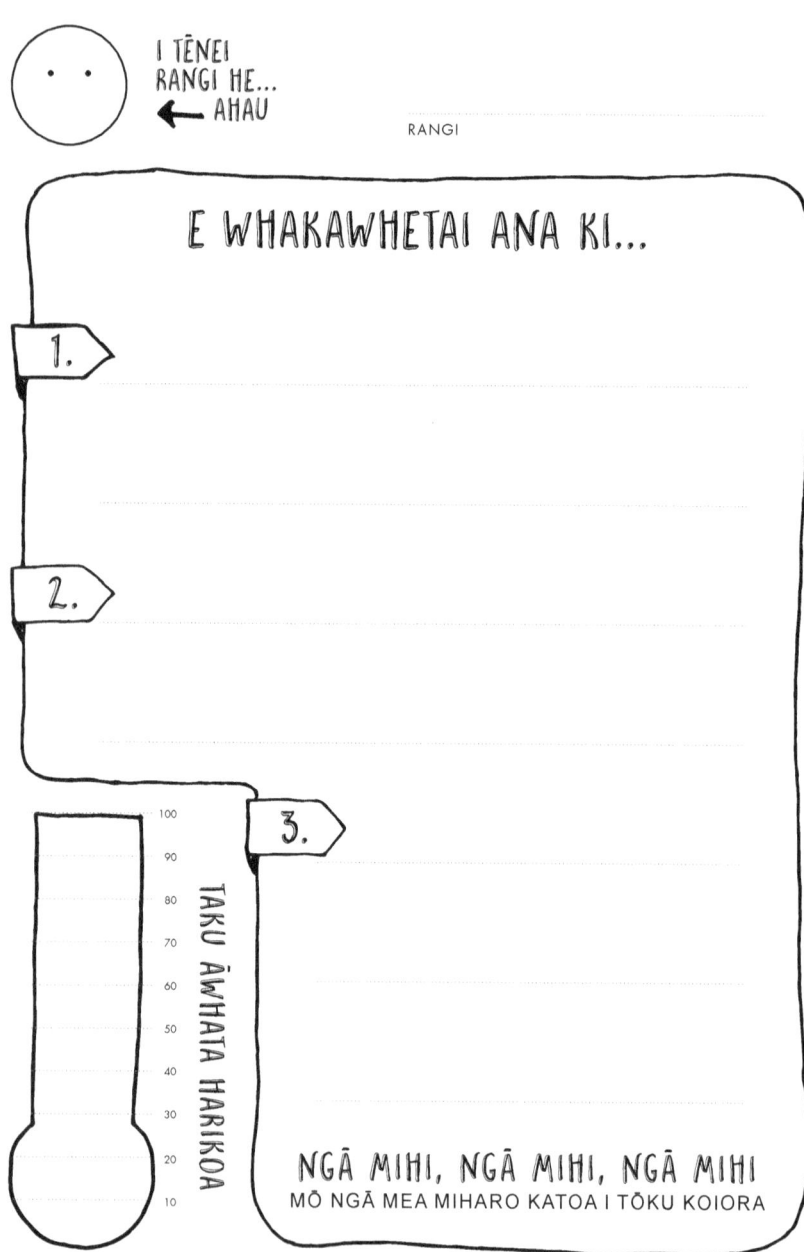

RANGI

I TĒNEI RANGI HE... AHAU →

E WHAKAWHETAI ANA KI...

1.

2.

3.

NGĀ MIHI, NGĀ MIHI, NGĀ MIHI
MŌ NGĀ MEA MIHARO KATOA I TŌKU KOIORA

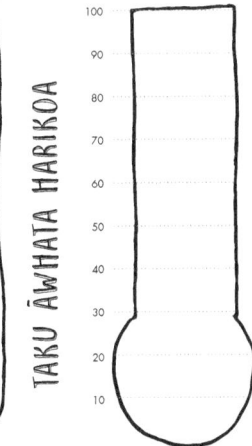

TAKU ĀWHATA HARIKOA

I TĒNEI RANGI HE... ← AHAU

RANGI

E WHAKAWHETAI ANA KI...

1.

2.

3.

TAKU ĀWHATA HARIKOA

100 90 80 70 60 50 40 30 20 10

NGĀ MIHI, NGĀ MIHI, NGĀ MIHI
MŌ NGĀ MEA MIHARO KATOA I TŌKU KOIORA

RANGI

I TĒNEI RANGI HE... AHAU →

E WHAKAWHETAI ANA KI...

1.

2.

3.

NGĀ MIHI, NGĀ MIHI, NGĀ MIHI
MŌ NGĀ MEA MIHARO KATOA I TŌKU KOIORA

TAKU ĀWHATA HARIKOA

I TĒNEI RANGI HE... ← AHAU

RANGI

E WHAKAWHETAI ANA KI...

1.

2.

3.

TAKU ĀWHATA HARIKOA

NGĀ MIHI, NGĀ MIHI, NGĀ MIHI
MŌ NGĀ MEA MIHARO KATOA I TŌKU KOIORA

#CREATEHAPPINESS

RANGI

I TĒNEI RANGI HE... AHAU →

E WHAKAWHETAI ANA KI...

1.

2.

3.

NGĀ MIHI, NGĀ MIHI, NGĀ MIHI
MŌ NGĀ MEA MIHARO KATOA I TŌKU KOIORA

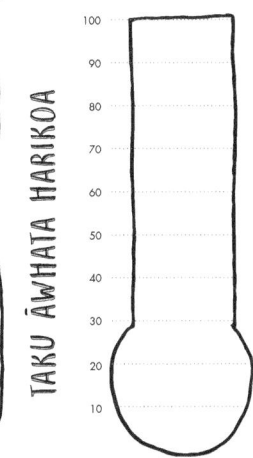

TAKU ĀWHATA HARIKOA

HE PIKINGA WAIORA te KATAKATA

TUWHIRI HARIKOA:

Me kata koe, ahakoa te aha, i ngā wā katoa, me ako hoki koe me pēhea te kata ki a koe anō, koia tonu te pikinga waiora pai, me whakakata koe i a koe anō, ahakoa he rūkahu, nā wai rā ka kata tuturu ake koe.

He mea whakapakari awhikiri te katakata, ka piki tō ngao, ka tau ō mamae, he kaupare hoki i ngā hua nō te hēmanawatanga.

KO NGĀ MEA E WHAKAKATA NEI I AHAU

TUHI MAI, WHAKAAHUA MAI RĀNEI, HE AHA KOE E KATA AI

I TĒNEI RANGI HE... ← AHAU

RANGI

E WHAKAWHETAI ANA KI...

1.

2.

3.

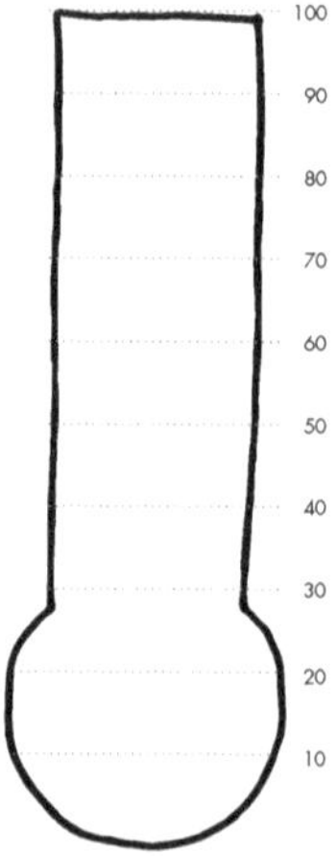

TAKU ĀWHATA HARIKOA

100 90 80 70 60 50 40 30 20 10

NGĀ MIHI, NGĀ MIHI, NGĀ MIHI
MŌ NGĀ MEA MIHARO KATOA I TŌKU KOIORA

RANGI

I TĒNEI RANGI HE... AHAU →

E WHAKAWHETAI ANA KI...

1.

2.

3.

NGĀ MIHI, NGĀ MIHI, NGĀ MIHI
MŌ NGĀ MEA MIHARO KATOA I TŌKU KOIORA

TAKU ĀWHATA HARIKOA

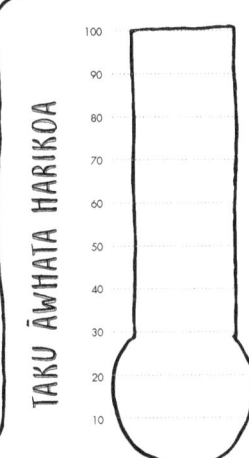

RANGI

I TĒNEI RANGI HE... AHAU →

E WHAKAWHETAI ANA KI...

1.

2.

3.

TAKU ĀWHATA HARIKOA

NGĀ MIHI, NGĀ MIHI, NGĀ MIHI
MŌ NGĀ MEA MIHARO KATOA I TŌKU KOIORA

RANGI _____

I TĒNEI RANGI HE... AHAU →

E WHAKAWHETAI ANA KI...

1.

2.

3.

NGĀ MIHI, NGĀ MIHI, NGĀ MIHI
MŌ NGĀ MEA MIHARO KATOA I TŌKU KOIORA

TAKU ĀWHATA HARIKOA

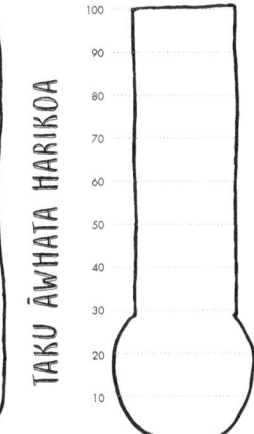

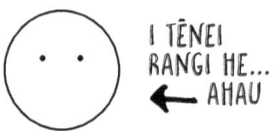

RANGI

E WHAKAWHETAI ANA KI...

1.

2.

3.

TAKU ĀWHATA HARIKOA

NGĀ MIHI, NGĀ MIHI, NGĀ MIHI
MŌ NGĀ MEA MIHARO KATOA I TŌKU KOIORA

RANGI

I TĒNEI RANGI HE... AHAU →

E WHAKAWHETAI ANA KI...

1.

2.

3.

NGĀ MIHI, NGĀ MIHI, NGĀ MIHI
MŌ NGĀ MEA MIHARO KATOA I TŌKU KOIORA

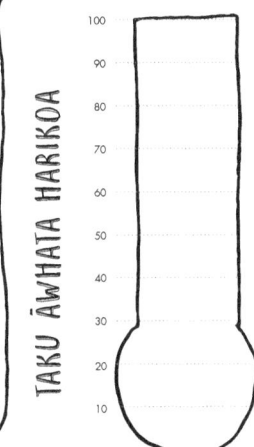

TAKU ĀWHATA HARIKOA

I TĒNEI RANGI HE... ← AHAU

RANGI

E WHAKAWHETAI ANA KI...

1.

2.

3.

TAKU ĀWHATA HARIKOA

100
90
80
70
60
50
40
30
20
10

NGĀ MIHI, NGĀ MIHI, NGĀ MIHI
MŌ NGĀ MEA MIHARO KATOA I TŌKU KOIORA

RANGI

I TĒNEI RANGI HE... AHAU →

E WHAKAWHETAI ANA KI...

1.

2.

3.

NGĀ MIHI, NGĀ MIHI, NGĀ MIHI
MŌ NGĀ MEA MIHARO KATOA I TŌKU KOIORA

TAKU ĀWHATA HARIKOA

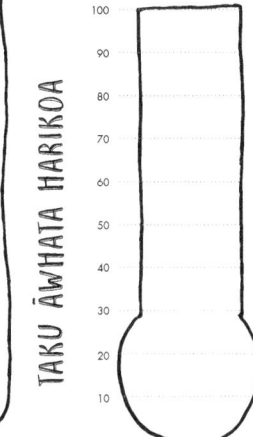

I TĒNEI RANGI HE... ← AHAU

RANGI

E WHAKAWHETAI ANA KI...

1.

2.

3.

TAKU ĀWHATA HARIKOA

100 90 80 70 60 50 40 30 20 10

NGĀ MIHI, NGĀ MIHI, NGĀ MIHI
MŌ NGĀ MEA MIHARO KATOA I TŌKU KOIORA

RANGI

I TĒNEI RANGI HE... AHAU →

E WHAKAWHETAI ANA KI...

1.

2.

3.

NGĀ MIHI, NGĀ MIHI, NGĀ MIHI
MŌ NGĀ MEA MIHARO KATOA I TŌKU KOIORA

TAKU ĀWHATA HARIKOA

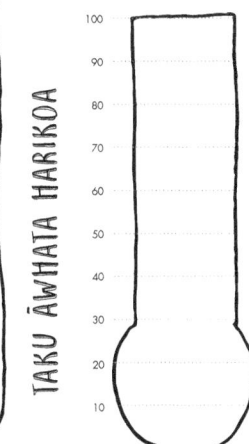

I TĒNEI RANGI HE... ← AHAU

RANGI

E WHAKAWHETAI ANA KI...

1.

2.

3.

TAKU ĀWHATA HARIKOA

100 90 80 70 60 50 40 30 20 10

NGĀ MIHI, NGĀ MIHI, NGĀ MIHI
MŌ NGĀ MEA MIHARO KATOA I TŌKU KOIORA

RANGI

I TĒNEI RANGI HE... AHAU →

E WHAKAWHETAI ANA KI...

1.

2.

3.

TAKU ĀWHATA HARIKOA

100
90
80
70
60
50
40
30
20
10

NGĀ MIHI, NGĀ MIHI, NGĀ MIHI
MŌ NGĀ MEA MIHARO KATOA I TŌKU KOIORA

I TĒNEI RANGI HE... ← AHAU

RANGI

E WHAKAWHETAI ANA KI...

1.

2.

3.

TAKU ĀWHATA HARIKOA

100
90
80
70
60
50
40
30
20
10

NGĀ MIHI, NGĀ MIHI, NGĀ MIHI
MŌ NGĀ MEA MIHARO KATOA I TŌKU KOIORA

RANGI

I TĒNEI RANGI HE... AHAU →

E WHAKAWHETAI ANA KI...

1.

2.

3.

NGĀ MIHI, NGĀ MIHI, NGĀ MIHI
MŌ NGĀ MEA MIHARO KATOA I TŌKU KOIORA

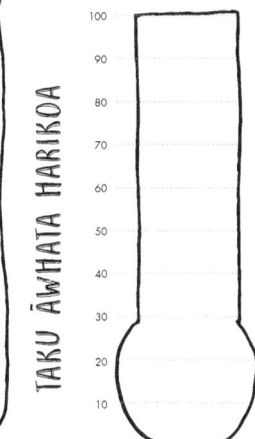

TAKU ĀWHATA HARIKOA

PUTA KI WAHO KORIKORI AI

TUWHIRI HARIKOA:

Kia puta ki waho hīkoi ai ki te ngahere, ki te moana rānei ka piki tō ngao, ka ngawari hoki te āmaimai.

Mā te korikori ka piki ai te taiaki whakahari (ko te matū whakakoakoa nō te roro), ā, ka heke hoki ngā taiaki hēmanawatanga, ka mau ngā hua o te korikori 20 miniti kia 12 haora neke atu.

KO NGĀ MAHI O WAHO E PAI ANA KI AHAU

TUHI MAI, WHAKAAHUA MAI RĀNEI, HE AHA NGĀ MAHI PAI KI A KOE

RANGI

I TĒNEI RANGI HE... AHAU →

E WHAKAWHETAI ANA KI...

1.

2.

3.

NGĀ MIHI, NGĀ MIHI, NGĀ MIHI
MŌ NGĀ MEA MIHARO KATOA I TŌKU KOIORA

TAKU ĀWHATA HARIKOA

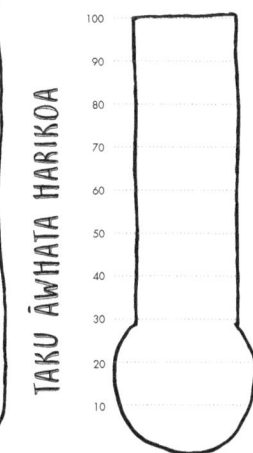

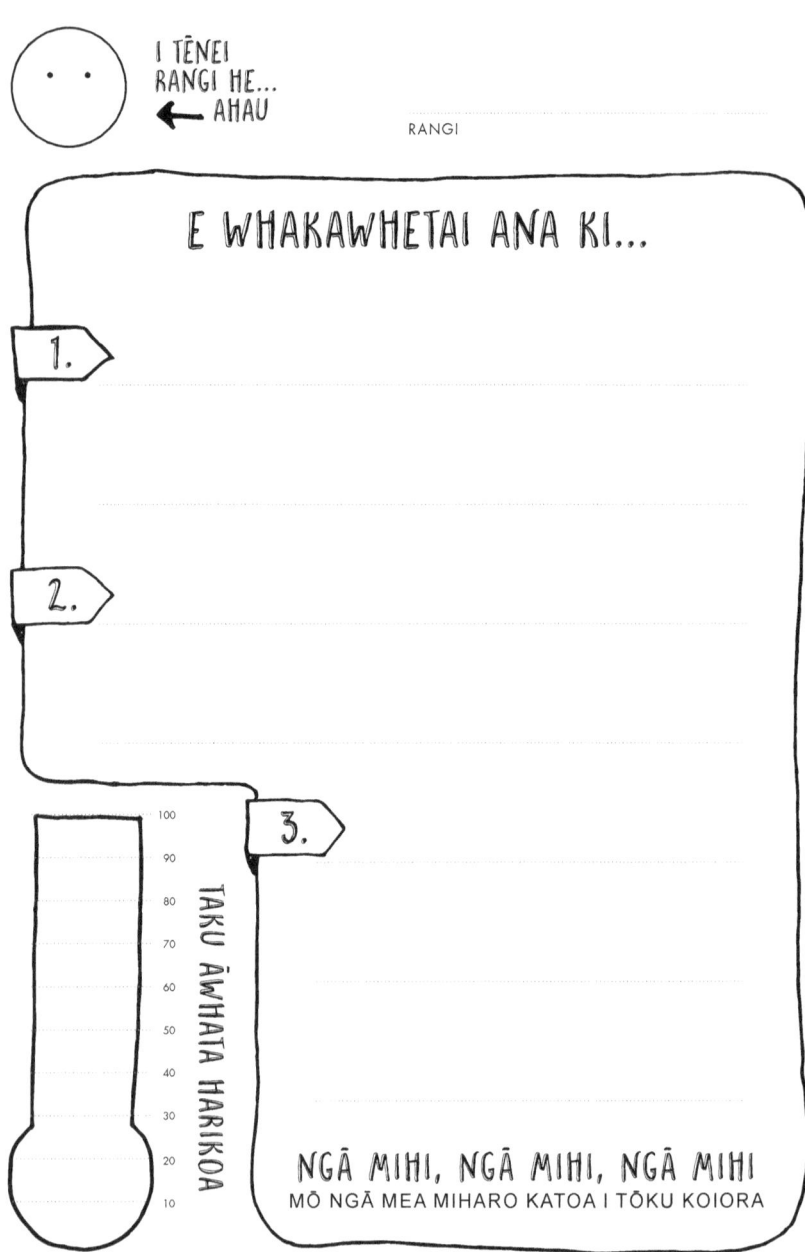

RANGI

I TĒNEI RANGI HE... AHAU →

E WHAKAWHETAI ANA KI...

1.

2.

3.

NGĀ MIHI, NGĀ MIHI, NGĀ MIHI
MŌ NGĀ MEA MIHARO KATOA I TŌKU KOIORA

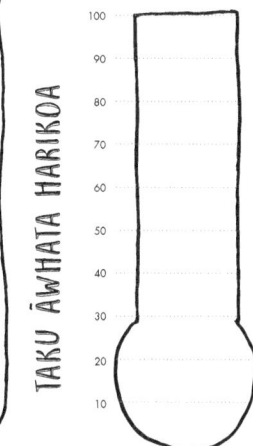

TAKU ĀWHATA HARIKOA

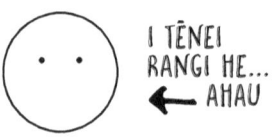

I TĒNEI RANGI HE... AHAU

RANGI

E WHAKAWHETAI ANA KI...

1.

2.

3.

TAKU ĀWHATA HARIKOA

100 90 80 70 60 50 40 30 20 10

NGĀ MIHI, NGĀ MIHI, NGĀ MIHI
MŌ NGĀ MEA MIHARO KATOA I TŌKU KOIORA

RANGI

I TĒNEI RANGI HE... AHAU →

E WHAKAWHETAI ANA KI...

1.

2.

3.

NGĀ MIHI, NGĀ MIHI, NGĀ MIHI
MŌ NGĀ MEA MIHARO KATOA I TŌKU KOIORA

TAKU ĀWHATA HARIKOA

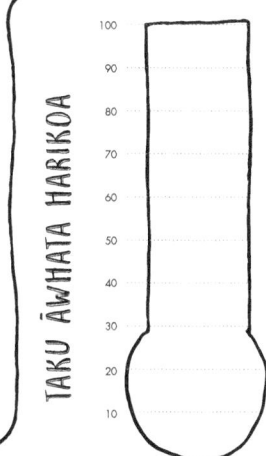

RANGI

I TĒNEI RANGI HE... AHAU →

E WHAKAWHETAI ANA KI...

1.

2.

3.

NGĀ MIHI, NGĀ MIHI, NGĀ MIHI
MŌ NGĀ MEA MIHARO KATOA I TŌKU KOIORA

TAKU ĀWHATA HARIKOA

NÃ ARABELLA, 7

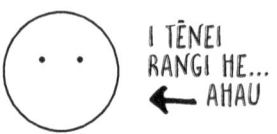

I TĒNEI RANGI HE... ← AHAU

RANGI

E WHAKAWHETAI ANA KI...

1.

2.

3.

TAKU ĀWHATA HARIKOA

NGĀ MIHI, NGĀ MIHI, NGĀ MIHI
MŌ NGĀ MEA MIHARO KATOA I TŌKU KOIORA

RANGI

I TĒNEI RANGI HE... AHAU →

E WHAKAWHETAI ANA KI...

1.

2.

3.

TAKU ĀWHATA HARIKOA

NGĀ MIHI, NGĀ MIHI, NGĀ MIHI
MŌ NGĀ MEA MIHARO KATOA I TŌKU KOIORA

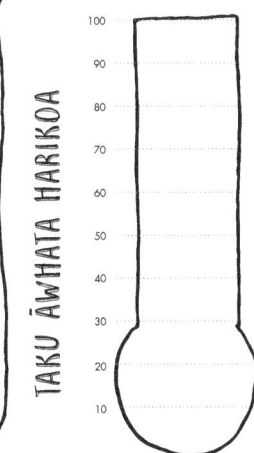

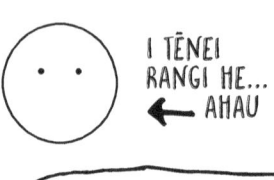

RANGI

E WHAKAWHETAI ANA KI...

1.

2.

3.

TAKU ĀWHATA HARIKOA

NGĀ MIHI, NGĀ MIHI, NGĀ MIHI
MŌ NGĀ MEA MIHARO KATOA I TŌKU KOIORA

RANGI

I TĒNEI RANGI HE... AHAU →

E WHAKAWHETAI ANA KI...

1.

2.

3.

NGĀ MIHI, NGĀ MIHI, NGĀ MIHI
MŌ NGĀ MEA MIHARO KATOA I TŌKU KOIORA

TAKU ĀWHATA HARIKOA

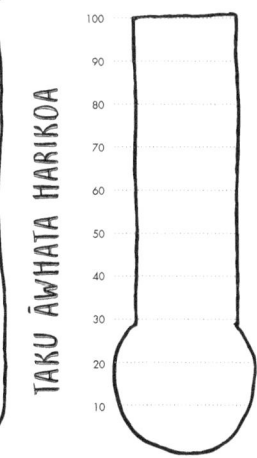

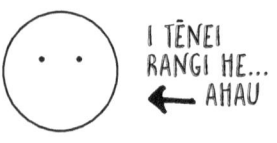

I TĒNEI RANGI HE... ← AHAU

RANGI

E WHAKAWHETAI ANA KI...

1.

2.

3.

TAKU ĀWHATA HARIKOA

NGĀ MIHI, NGĀ MIHI, NGĀ MIHI
MŌ NGĀ MEA MIHARO KATOA I TŌKU KOIORA

RANGI

I TĒNEI RANGI HE... AHAU →

E WHAKAWHETAI ANA KI...

1.

2.

3.

NGĀ MIHI, NGĀ MIHI, NGĀ MIHI
MŌ NGĀ MEA MIHARO KATOA I TŌKU KOIORA

TAKU ĀWHATA HARIKOA

100
90
80
70
60
50
40
30
20
10

I TĒNEI RANGI HE... ← AHAU

RANGI

E WHAKAWHETAI ANA KI...

1.

2.

3.

TAKU ĀWHATA HARIKOA

100
90
80
70
60
50
40
30
20
10

NGĀ MIHI, NGĀ MIHI, NGĀ MIHI
MŌ NGĀ MEA MIHARO KATOA I TŌKU KOIORA

RANGI

I TĒNEI RANGI HE... AHAU →

E WHAKAWHETAI ANA KI...

1.

2.

3.

NGĀ MIHI, NGĀ MIHI, NGĀ MIHI
MŌ NGĀ MEA MIHARO KATOA I TŌKU KOIORA

TAKU ĀWHATA HARIKOA

HE MEA RAWE I TŪPONO NEI KI AHAU

TUHI MAI, WHAKAAHUA MAI RĀNEI I AHA KĒ

RANGI

I TĒNEI RANGI HE... AHAU →

E WHAKAWHETAI ANA KI...

1.

2.

3.

NGĀ MIHI, NGĀ MIHI, NGĀ MIHI
MŌ NGĀ MEA MIHARO KATOA I TŌKU KOIORA

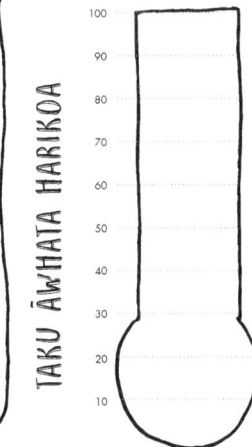

TAKU ĀWHATA HARIKOA

I TĒNEI RANGI HE... ← AHAU

RANGI

E WHAKAWHETAI ANA KI...

1.

2.

3.

TAKU ĀWHATA HARIKOA

NGĀ MIHI, NGĀ MIHI, NGĀ MIHI
MŌ NGĀ MEA MIHARO KATOA I TŌKU KOIORA

RANGI

I TĒNEI RANGI HE... AHAU →

E WHAKAWHETAI ANA KI...

1.

2.

3.

NGĀ MIHI, NGĀ MIHI, NGĀ MIHI
MŌ NGĀ MEA MIHARO KATOA I TŌKU KOIORA

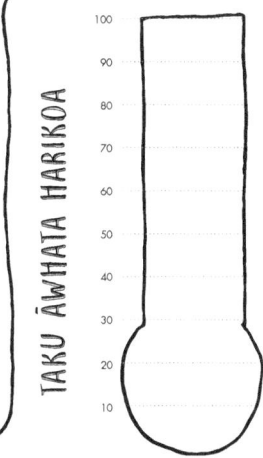

TAKU ĀWHATA HARIKOA

RANGI

I TĒNEI RANGI HE... AHAU →

E WHAKAWHETAI ANA KI...

1.

2.

3.

NGĀ MIHI, NGĀ MIHI, NGĀ MIHI
MŌ NGĀ MEA MIHARO KATOA I TŌKU KOIORA

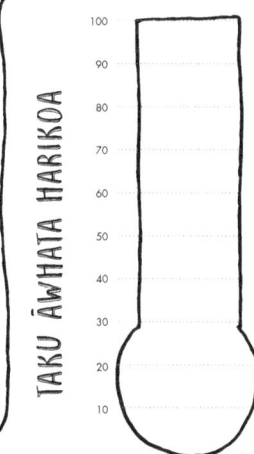

TAKU ĀWHATA HARIKOA

100
90
80
70
60
50
40
30
20
10

I TĒNEI RANGI HE...
← AHAU

RANGI

E WHAKAWHETAI ANA KI...

1.

2.

3.

TAKU ĀWHATA HARIKOA
100 90 80 70 60 50 40 30 20 10

NGĀ MIHI, NGĀ MIHI, NGĀ MIHI
MŌ NGĀ MEA MIHARO KATOA I TŌKU KOIORA

RANGI

I TĒNEI RANGI HE... AHAU →

E WHAKAWHETAI ANA KI...

1.

2.

3.

NGĀ MIHI, NGĀ MIHI, NGĀ MIHI
MŌ NGĀ MEA MIHARO KATOA I TŌKU KOIORA

TAKU ĀWHATA HARIKOA

HE MEA HOPUHOPU TE HARIKOA

TUWHIRI HARIKOA:

E tūhono ana tātou katoa, ka pā atu ō tātou mahamaha ki tangata kē atu. Menemene atu ki te tauhou, ki te titiro ki ōna karu, ka whakahokia atu te menemene e ia, nā ka hari hoki ia i a koe!

E mōhio rānei koe, mā te menemene e roa kē atu ai tō ora, ka heke haere ngā taiaki hēmanawatanga, me te pēhinga toto. Ka kōrero atu ngā uaua o tō kanohi ki tō roro, kia panoni ai te wāhi puta ai o mahamaha. He nui kē atu te tā te menemene whakahohe i te wāhi hari o te roro, i tā te tiakarete, i tā te mohi anō hoki.

KO NGĀ MEA E WHAKAHARI NEI I A AHAU

TUHI MAI, WHAKAAHUA MAI RĀNEI HE AHA KOE E HARI AI

RANGI

I TĒNEI RANGI HE... AHAU →

E WHAKAWHETAI ANA KI...

1.

2.

3.

NGĀ MIHI, NGĀ MIHI, NGĀ MIHI
MŌ NGĀ MEA MIHARO KATOA I TŌKU KOIORA

TAKU ĀWHATA HARIKOA

100
90
80
70
60
50
40
30
20
10

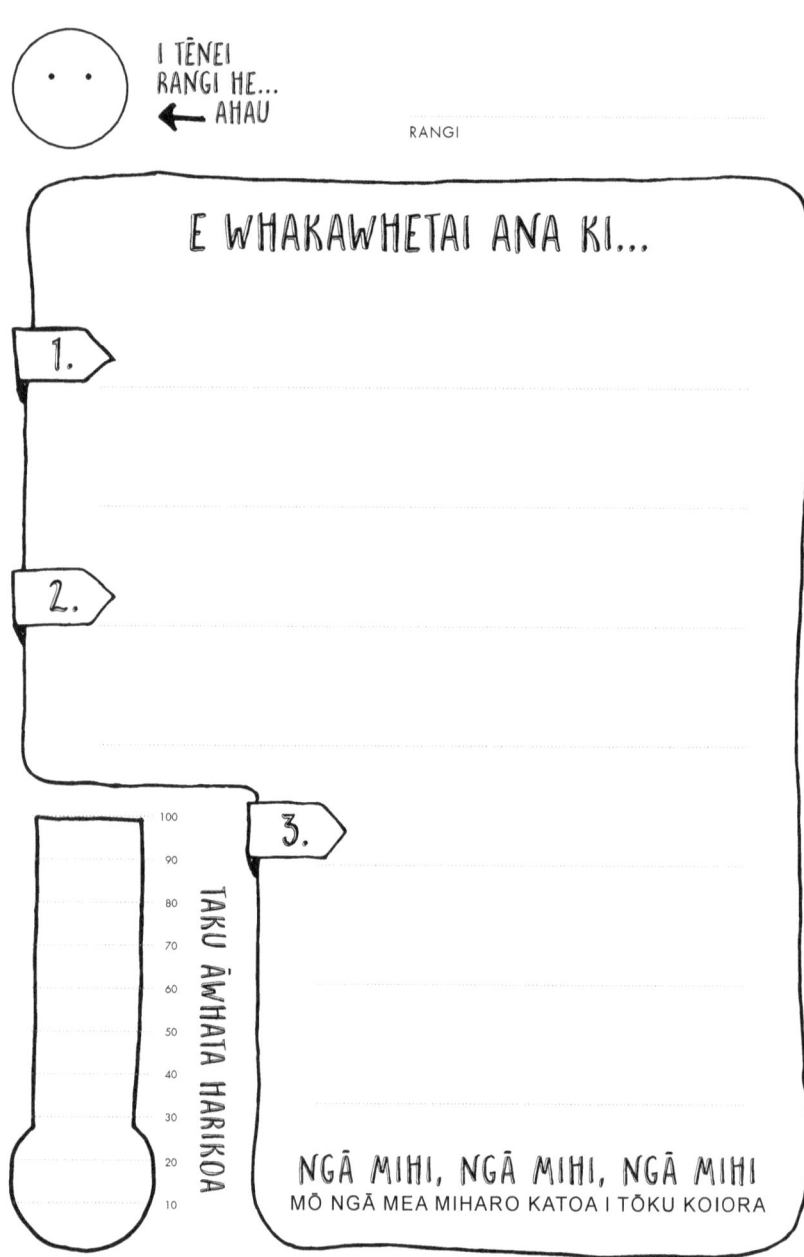

RANGI

I TĒNEI RANGI HE... AHAU →

E WHAKAWHETAI ANA KI...

1.

2.

3.

NGĀ MIHI, NGĀ MIHI, NGĀ MIHI
MŌ NGĀ MEA MIHARO KATOA I TŌKU KOIORA

TAKU ĀWHATA HARIKOA

I TĒNEI RANGI HE... ← AHAU

RANGI

E WHAKAWHETAI ANA KI...

1.

2.

3.

TAKU ĀWHATA HARIKOA

100
90
80
70
60
50
40
30
20
10

NGĀ MIHI, NGĀ MIHI, NGĀ MIHI
MŌ NGĀ MEA MIHARO KATOA I TŌKU KOIORA

RANGI

I TĒNEI RANGI HE... AHAU →

E WHAKAWHETAI ANA KI...

1.

2.

3.

NGĀ MIHI, NGĀ MIHI, NGĀ MIHI
MŌ NGĀ MEA MIHARO KATOA I TŌKU KOIORA

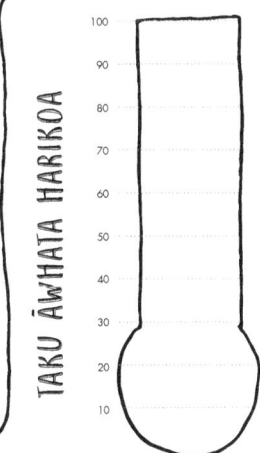
TAKU ĀWHATA HARIKOA

RANGI

E WHAKAWHETAI ANA KI...

1.

2.

3.

TAKU ĀWHATA HARIKOA

NGĀ MIHI, NGĀ MIHI, NGĀ MIHI
MŌ NGĀ MEA MIHARO KATOA I TŌKU KOIORA

RANGI

I TĒNEI RANGI HE... AHAU →

E WHAKAWHETAI ANA KI...

1.

2.

3.

NGĀ MIHI, NGĀ MIHI, NGĀ MIHI
MŌ NGĀ MEA MIHARO KATOA I TŌKU KOIORA

TAKU ĀWHATA HARIKOA

100
90
80
70
60
50
40
30
20
10

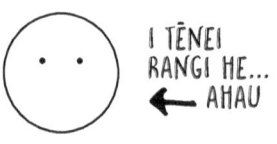
I TĒNEI RANGI HE... ← AHAU

RANGI

E WHAKAWHETAI ANA KI...

1.

2.

3.

TAKU ĀWHATA HARIKOA

NGĀ MIHI, NGĀ MIHI, NGĀ MIHI
MŌ NGĀ MEA MIHARO KATOA I TŌKU KOIORA

RANGI

I TĒNEI RANGI HE... AHAU →

E WHAKAWHETAI ANA KI...

1.

2.

3.

NGĀ MIHI, NGĀ MIHI, NGĀ MIHI
MŌ NGĀ MEA MIHARO KATOA I TŌKU KOIORA

TAKU ĀWHATA HARIKOA

RANGI

I TĒNEI RANGI HE... AHAU →

E WHAKAWHETAI ANA KI...

1.

2.

3.

NGĀ MIHI, NGĀ MIHI, NGĀ MIHI
MŌ NGĀ MEA MIHARO KATOA I TŌKU KOIORA

TAKU ĀWHATA HARIKOA

100
90
80
70
60
50
40
30
20
10

RANGI _____

I TĒNEI RANGI HE... AHAU →

E WHAKAWHETAI ANA KI...

1.

2.

3.

NGĀ MIHI, NGĀ MIHI, NGĀ MIHI
MŌ NGĀ MEA MIHARO KATOA I TŌKU KOIORA

TAKU ĀWHATA HARIKOA

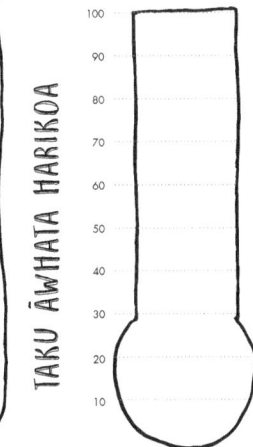

I TĒNEI RANGI HE... ← AHAU

RANGI

E WHAKAWHETAI ANA KI...

1.

2.

3.

TAKU ĀWHATA HARIKOA

100
90
80
70
60
50
40
30
20
10

NGĀ MIHI, NGĀ MIHI, NGĀ MIHI
MŌ NGĀ MEA MIHARO KATOA I TŌKU KOIORA

ME mahi atu hei PAINGA MĀ TĒTAHI ATU

TUWHIRI HARIKOA:

Ko te tākoha atu ki tētahi atu he mea tuku i ngā matū whakakoakoa, ka whakahohe i ngā wāhi o te roro e hāngai ana ki te pono, ki te rekareka, ki te hono ā-pāpori anō hoki. Ko te whakapau moni, te whakapau kaha mā tētahi atu e koakoa ake ai koe, ā, ka nui kē atu tō atawhai hei muri ake, he whakahoki manaakitanga tēnei, he whakahoki harikoa tēnei. Ko te tikanga me mahi tono kore atu koe.

KO NGĀ MAHI ĀKU MĀ TĒTAHI ATU

TUHI MAI, WHAKAAHUA MAI RĀNEI Ō WHAKAARO

RANGI

I TĒNEI RANGI HE... AHAU →

E WHAKAWHETAI ANA KI...

1.

2.

3.

NGĀ MIHI, NGĀ MIHI, NGĀ MIHI
MŌ NGĀ MEA MIHARO KATOA I TŌKU KOIORA

TAKU ĀWHATA HARIKOA

I TĒNEI RANGI HE... ← AHAU

RANGI

E WHAKAWHETAI ANA KI...

1.

2.

3.

100
90
80
70
60
50
40
30
20
10

TAKU ĀWHATA HARIKOA

NGĀ MIHI, NGĀ MIHI, NGĀ MIHI
MŌ NGĀ MEA MIHARO KATOA I TŌKU KOIORA

RANGI

I TĒNEI RANGI HE... AHAU →

E WHAKAWHETAI ANA KI...

1.

2.

3.

NGĀ MIHI, NGĀ MIHI, NGĀ MIHI
MŌ NGĀ MEA MIHARO KATOA I TŌKU KOIORA

TAKU ĀWHATA HARIKOA

100
90
80
70
60
50
40
30
20
10

RANGI

I TĒNEI RANGI HE... AHAU →

E WHAKAWHETAI ANA KI...

1.

2.

3.

NGĀ MIHI, NGĀ MIHI, NGĀ MIHI
MŌ NGĀ MEA MIHARO KATOA I TŌKU KOIORA

TAKU ĀWHATA HARIKOA

100
90
80
70
60
50
40
30
20
10

I TĒNEI RANGI HE... ← AHAU

RANGI ....

E WHAKAWHETAI ANA KI...

1.

2.

3.

TAKU ĀWHATA HARIKOA

100
90
80
70
60
50
40
30
20
10

NGĀ MIHI, NGĀ MIHI, NGĀ MIHI
MŌ NGĀ MEA MIHARO KATOA I TŌKU KOIORA

RANGI

I TĒNEI RANGI HE... AHAU →

E WHAKAWHETAI ANA KI...

1.

2.

3.

NGĀ MIHI, NGĀ MIHI, NGĀ MIHI
MŌ NGĀ MEA MIHARO KATOA I TŌKU KOIORA

TAKU ĀWHATA HARIKOA

TUWHIRI HARIKOA:

Me kaha te mihi atu 'Tēnā koe' ki ngā tāngata katoa. Mihia ngā mea iti, mihia hoki ngā mea nui, pērā i ō mātua mō ā rāua manaaki, ki tō kaiako rānei mōna e whakapono atu ki a koe. Hāunga rā ka harikoa rātou, ka nui kē atu ō kare ō-roto pai, ō whēako pai, e piki ai tō hauora, ka whakapakari i ngā hononga ki ētahi atu, ā, he awhina mōu hei ngā wā taimaha.

NĀ LILY, 9

RANGI

I TĒNEI RANGI HE... AHAU →

E WHAKAWHETAI ANA KI...

1.

2.

3.

NGĀ MIHI, NGĀ MIHI, NGĀ MIHI
MŌ NGĀ MEA MIHARO KATOA I TŌKU KOIORA

TAKU ĀWHATA HARIKOA

100
90
80
70
60
50
40
30
20
10

I TĒNEI RANGI HE... ← AHAU

RANGI

E WHAKAWHETAI ANA KI...

1.

2.

3.

TAKU ĀWHATA HARIKOA

100
90
80
70
60
50
40
30
20
10

NGĀ MIHI, NGĀ MIHI, NGĀ MIHI
MŌ NGĀ MEA MIHARO KATOA I TŌKU KOIORA

RANGI

I TĒNEI RANGI HE... AHAU →

E WHAKAWHETAI ANA KI...

1.

2.

3.

NGĀ MIHI, NGĀ MIHI, NGĀ MIHI
MŌ NGĀ MEA MIHARO KATOA I TŌKU KOIORA

TAKU ĀWHATA HARIKOA

RANGI

I TĒNEI RANGI HE... AHAU →

E WHAKAWHETAI ANA KI...

1.

2.

3.

NGĀ MIHI, NGĀ MIHI, NGĀ MIHI
MŌ NGĀ MEA MIHARO KATOA I TŌKU KOIORA

TAKU ĀWHATA HARIKOA

RANGI

I TĒNEI RANGI HE... AHAU →

E WHAKAWHETAI ANA KI...

1.

2.

3.

NGĀ MIHI, NGĀ MIHI, NGĀ MIHI
MŌ NGĀ MEA MIHARO KATOA I TŌKU KOIORA

TAKU ĀWHATA HARIKOA

E NGĀ HUA O TE WHAKAWHETAI

Ka whakapakari te whakawhetai i tō awhikiri, ka heke te pēhinga toto, ka māmā ngā tohu māuiui ka kore e mate i te mamae. He mea akiaki i a tātou kia korikori ake, kia tiaki hoki i tō tātou hauora.[1]

MĀ TE WHAKAWHETAI E ITI AI TŌ TE TANGATA HIA RAUEMI, NĀ KA ARONUI KĒ ATU KI TE TAIAO.[2]

Ka kaha kē atu tō noho ki ō hoa, tō whānau, ka pai kē atu koe ki tō kura, ka piki ake tō mariu, ka matareka kē atu ki tō koiora, ā, ka heke ō kare ō-roto kino.[3]

Ka piki ake te whakaaro tākoha, te whakamiha, me ngā mahamaha pai o ngā tamariki e whakwhetai atu ana i ō te hunga kīhai e whakawhetai.[4]

Mā te whakawhetai e kite ai tō tātou nei ao, me ō tātou whakamanawa katoa. Ka kore e noho noa ana, ā, ka oho ake, ka ora ake.[5]

Ki te tuhi i ngā mea whakawhetai e 3, ka nui kē atu te harikoa i tērā te whakamahara ki ngā whakatutukinga whakahīhī e 3. Ka rapu te tangata i te pai i tōna koiora, ā, ka aro pū ake rā ki ngā mea pai.[7]

E ai ki tētahi rangahau, mutu kau ana te whakawhetai mō ngā wiki e 8, ka pai kē atu tā te tangata pāhekoheko, ā, ka aroha kē atu.[6]

1. PROF. ROBERT EMMONS, THE UNIVERSITY OF CALIFORNIA & PROF. MICHAEL MCCULLOUGH, UNIVERSITY OF MIAMI
2. ACCORDING TO A STUDY PRESENTED AT AN AMERICAN PSYCHOLOGICAL ASSOCIATION CONVENTION
3. JEFFREY FROH, ASSOCIATE PROFESSOR, HOFSTRA UNIVERSITY
4. JEFFREY FROH, ASSOCIATE PROFESSOR, HOFSTRA UNIVERSITY
5. DR. KERRY HOWELLS, UNIVERSITY OF TASMANIA
6. DR. EMILIANA SIMON-THOMAS, SCIENCE DIRECTOR, THE GREATER GOOD SCIENCE CENTER, BERKELEY
7. PROF. PHILLIP WATKINS, DEPT OF PSYCHOLOGY, EASTERN WASHINGTON UNIVERSITY

For more facts go to http://greatergood.berkeley.edu/topic/gratitude

www.ingramcontent.com/pod-product-compliance
Lightning Source LLC
Chambersburg PA
CBHW062027290426
44108CB00025B/2812